Este álbum pertence a

Espaço para sua foto

Meu batismo

Meu Batismo foi na igreja ....

Na cidade de ....

No dia .... de .... de .... às ....

A cerimônia foi realizada pelo padre ....

Meus padrinhos são .... e
....

A preparação para o meu batismo foi feito na igreja ....
....

Agora você faz parte de uma família ainda maior...

Ide, pois, e ensinai a todas as nações;
batizai-as em nome do Pai, do Filho e do Espírito Santo.

MATEUS 28,19

O Batismo nos dá a graça da amizade e da presença
de Deus em nossa vida. Nesse momento, recebemos os dons
que acompanharão nossa vida, assim como todas as virtudes
necessárias para o crescimento na fé e no amor aos irmãos.
O Batismo é o início de uma vida nova.

Meus santinhos

Espaço para colar lembrancinhas

Meus santinhos

Espaço para colar lembrancinhas

Jesus estará sempre ao seu lado

Você chegou ao Batismo pelos braços de seus pais.
Eles o amam e rezam para que, ao longo da sua vida,
você esteja sempre em profunda união com Jesus.
Que você cresça fortalecido na fé e protegido pela graça de Deus!

Os convidados do meu batismo

Estiveram ao meu lado neste dia: ....

....

....

....

....

....

....

A família estava presente

As fotos da família

As fotos da família

As fotos da família

As fotos da família

Minha história

Meu nome é ....
....

Mamãe e papai escolheram esse nome porque ....
....
....
....

Nasci no dia .... às ....
Na cidade de ....

Eu te chamei pelo nome

E agora eis o que diz o Senhor, aquele que te criou, Jacó, e te formou, Israel: "nada temas, pois eu te resgato, eu te chamo pelo nome, és meu. Se tiveres de atravessar a água, estarei contigo. E os rios não te submergirão; se caminhares pelo fogo, não te queimarás, e a chama não te consumirá. Pois eu sou o Senhor, teu Deus, o Santo de Israel, teu salvador".

ISAÍAS 43,1-3

Jesus quer estar ao seu lado

Jesus está bem perto. E, assim como seus pais,
ele o ama muito e está sempre ao seu lado para ajudá-lo.
Chame por ele quando estiver triste, entediado,
mas também quando estiver feliz.

Deixai vir a mim as criancinhas
e não as impeçais, porque o reino de Deus
é daqueles que se parecem com elas.

LUCAS 18,16

Aqui está a minha família...

Minha mãe se chama ....

....

Meu pai se chama ....

....

Também moram conosco ....

....

....

Espaço para foto

A PREPARAÇÃO PARA O MEU BATISMO

Papai e mamãe fizeram a preparação para o Batismo na Paróquia
....

A preparação durou .... dias.

Os encontros foram (dia da semana) ....

às ....

Meus padrinhos participaram dessa preparação?
....

Foi na mesma Paróquia?..

Os melhores momentos dessa experiência ....
....

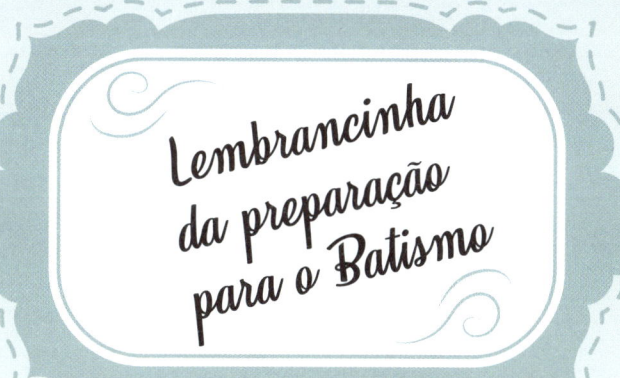

Lembrancinha da preparação para o Batismo

Espaço para colar lembrancinhas

Meu padrinho

Papai e mamãe escolheram ....

....

como meu padrinho, porque ....

....

....

Olha só, aqui eu estou ao lado dele.

Espaço para foto

Minha madrinha

Papai e mamãe escolheram ....

....

como minha madrinha, porque ....

....

....

Olha só, aqui eu estou ao lado dela.

Espaço para foto

Primeiro sacramento da vida cristã

O Batismo é o primeiro sacramento de iniciação à vida cristã. No momento do Batismo, a Igreja celebra, junto com a família, o nascer de um novo ser cristão. Por meio desse sacramento, a criança passa a fazer parte de uma família ainda maior.

A celebração do sacramento do Batismo nos convida a refletir sobre nosso compromisso assumido no dia em que nós fomos batizados e a renovar a nossa decisão de manter sempre acesa a chama da fé, para nos tornarmos cada vez mais filhos prediletos do Pai.

São João Paulo II

Formamos um mesmo corpo

Em um só espírito fomos batizados todos nós para formar um só corpo, judeus ou gregos, escravos ou livres; e todos fomos impregnados do mesmo espírito.

1 CORÍNTIOS 12,13

A cerimônia

Como foram feitos os preparativos para este dia?

....

....

....

....

Houve uma recepção para receber os padrinhos e familiares? Onde e como foi?

....

....

....

....

Você foi batizado com outras crianças? Lembra o nome delas?

....

....

....

....

Qual o momento mais bonito da cerimônia?

....

....

....

....

....

Papai e mamãe ajudaram na cerimônia? Em qual momento?

....

....

....

....

....

Seus padrinhos participaram de algum momento também?

....

....

....

....

....

Oração de louvor

Glória a Deus nas alturas,
e paz na terra aos homens por ele amados.
Senhor Deus, Rei dos Céus, Deus Pai todo poderoso,

Nós vos louvamos,
nós vos bendizemos,
nós vos adoramos,
nós vos glorificamos,
nós vos damos graças, por vossa imensa glória.

Senhor Jesus Cristo, filho unigênito;
Senhor Deus, Cordeiro de Deus, Filho de Deus Pai,
vós que tirais o pecado do mundo,
tende piedade de nós;
vós que tirais o pecado do mundo,
acolhei a nossa súplica;
vós que estais à direita do Pai,
tende piedade de nós.

Só vós sois Santo,
só vós sois o Senhor,
só vós o altíssimo, Jesus Cristo,
com o Espírito Santo,
na glória de Deus Pai.

Amém.

Lembranças deste dia tão especial

Cole aqui as lembranças que você ganhou para comemorar este dia.
Você pode incluir alguns objetos da cerimônia
como: laços de fita, faixas de cabelo, cartões etc.

Espaço para colar os objetos

Aqui, alguns momentos em que papai e mamãe participaram da cerimônia

Espaço para foto

Aqui, alguns momentos em que meus padrinhos participaram da cerimônia

Espaço para foto

Os símbolos do Batismo

Batizar, em grego "baptizar", significa "mergulhar", "imegir". A imersão na água simboliza a sepultura do catecúmeno na morte de Cristo, de onde ele sai por meio da ressurreição como uma "nova criatura" (2 Cor 5,17). No rito do Batismo, utilizam-se alguns símbolos, que são sinais representativos dessa realidade espiritual.

ÁGUA

É o principal símbolo do Batismo. Ela é o elemento da natureza essencial para a vida e representa uma passagem para uma "vida nova" em Jesus.

Ela purifica a alma e a lava de todo o pecado.

VESTE BRANCA

A cor branca representa a pureza, a inocência, além de ser a cor do Cristo Ressuscitado. Desse modo, a roupa branca demonstra que pelo Batismo passamos para uma vida nova.

ÓLEO

Durante a cerimônia do Batismo, a criança é ungida duas vezes com óleo. A primeira vez no peito, como sinal de coragem para enfrentar toda e qualquer perseguição. A segunda, na cabeça, como sinal de consagração a Deus. Na Bíblia, os reis e os profetas eram ungidos para cumprir uma grande missão. No rito do Batismo, o óleo tem a função de revestir e ungir o batizado para as lutas do dia a dia.

VELA

A entrega da vela é um momento muito importante durante a cerimônia do Batismo.

Os pais são convidados a acenderem a vela no Círio Pascal e, nesse momento, eles assumem o compromisso de manter a fé acesa no coração de seus filhos.

Além disso, ela representa o Espírito Santo que habita em nós e nos une a Deus de modo mais íntimo.

Momento de escuta e meditação

Durante a cerimônia, algumas leituras são proclamadas. Elas nos ajudam a meditar e a ficar mais próximos de Deus.

Salmo de Davi

O Senhor é meu pastor, nada me faltará.
Em verdes prados Ele me faz repousar.
Conduz-me junto às águas refrescantes,
restaura as forças de minha alma.
Pelos caminhos retos ele me leva,
por amor do seu nome.
Ainda que eu atravesse o vale escuro,
nada temerei, pois estais comigo.
Vosso bordão e vosso báculo são o meu amparo.
Preparais para mim a mesa à vista de meus inimigos.
Derramais o perfume sobre minha cabeça
e transborda minha taça.
A Vossa bondade e misericórdia hão de seguir-me
por todos os dias de minha vida.
E habitarei na casa do Senhor por longos dias.

SALMO 22

Quais foram as leituras proclamadas na cerimônia do seu batismo?

....
....
....
....
....

Qual leitura tocou mais seu coração?

....
....
....
....
....

Escreva aqui o trecho mais significativo:

....
....
....
....
....

Aqui, a lembrança que recebi do meu batismo

Cole aqui uma cópia da lembrança de Batismo

Espaço para fotos

Profissão de fé

Rezar o Credo é entrar em comunhão com Deus Pai, Filho e Espírito Santo e também em comunhão com a Igreja.

Creio em Deus Pai, todo-poderoso,
criador do céu e da terra, e em Jesus Cristo,
seu único Filho, nosso Senhor,
que foi concebido pelo poder do Espírito Santo.
Nasceu da Virgem Maria, padeceu sob Pôncio Pilatos,
foi crucificado, morto e sepultado, desceu à mansão dos mortos,
ressuscitou ao terceiro dia, subiu aos céus,
está sentado à direita de Deus Pai todo-poderoso,
donde há de vir a julgar os vivos e os mortos;
creio no Espírito Santo, na Santa Igreja Católica,
na comunhão dos santos,
na remissão dos pecados,
na ressurreição da carne e na vida eterna.
Amém.

E disse-lhes: "Ide por todo o mundo e pregai o evangelho a toda criatura".

MARCOS 16,15

Sim, ficamos libertos das correntes, nós que fomos reunidos ao chamamento do Senhor pelo sacramento do Batismo.

SÃO PONCIANO DE BARCELONA

Ora, naqueles dias veio Jesus de Nazaré,
da Galileia, e foi batizado por João no Jordão.
No momento em que Jesus saía da água,
João viu os céus abertos
e descer o Espírito em forma de pomba sobre ele.

MARCOS 1,9-10

Espírito Santo

Uma das representações mais conhecidas do Espírito Santo é a pomba. Esse foi o sinal que João Batista esperava para saber se de fato era o Cristo. Depois do Batismo, Jesus começou sua vida pública.

Oração do Espírito Santo

Vinde Espírito Santo,
enchei os corações dos vossos fiéis
e acendei neles o fogo do vosso amor.
Enviai o Vosso Espírito, e tudo será criado,
e renovareis a face da terra.
Oremos: Ó Deus, que instruíste os corações dos vossos fiéis
com a luz do Espírito Santo,
fazei que apreciemos retamente todas as coisas
segundo o mesmo Espírito
e gozemos da sua consolação.
Por Cristo Senhor Nosso.
Amém.

Momento do Batismo

Espaço para fotos

Momento do Batismo

Espaço para fotos

Instrumentos nas mãos de Deus

Assim como Maria, sejamos instrumentos nas mãos de Deus.

Minha alma glorifica ao Senhor, meu espírito exulta de alegria em Deus, meu Salvador.

LUCAS 1,46-47

Ave, Maria, cheia de graça, o Senhor é convosco, bendita sois vós entre as mulheres, e bendito é o fruto do vosso ventre, Jesus. Santa Maria, Mãe de Deus, rogai por nós, pecadores, agora e na hora de nossa morte. Amém.

Consagração a Nossa Senhora

Ó Senhora minha, ó minha Mãe, eu me ofereço todo a vós e, em prova da minha devoção para convosco, vos consagro, neste dia, os meus olhos, meus ouvidos, minha boca, meu coração e, inteiramente, todo o meu ser: e por que assim sou vosso, ó incomparável Mãe, guardai-me, defendei-me como coisa e propriedade vossa. Amém.

Maria nos precede na "estrada dos batizados".
PAPA FRANCISCO

Eu e minha casa
serviremos o Senhor.

JONAS 24,15

Aqui, as lindas mensagens dos familiares registradas neste dia.

....

....

....

....

....

....

....

....

....

A família sempre ao nosso lado

Sempre agradeça a Deus por sua família, pois é muito bom saber que temos pessoas que nos amam e nos amparam sempre que precisamos.

O primeiro mandamento acompanhado de uma promessa é: "honra teu pai e tua mãe para que sejas feliz e tenhas longa vida sobre a terra".

EFÉSIOS 6,2-3

Fotos da nossa família

Espaço para fotos

Jesus é misericordioso

Jesus está sempre ao nosso lado em todos os momentos que precisamos. Seu amor é misericordioso, ou seja, ele se compadece de nossas dores e sofrimentos e se alegra muito com nossas conquistas.

> Jesus misericordioso, eu confio em Vós! Nada me trará medo ou inquietação. Eu confio em Vós, de manhã e à noite, na alegria e no sofrimento, na tentação e no perigo, na felicidade e no infortúnio, na vida e na morte, agora e para sempre.
>
> SANTA FAUSTINA

> Sede misericordiosos, como também
> vosso Pai é misericordioso. Não julgueis,
> e não sereis julgados; não condeneis, e não sereis
> condenados; perdoai, e sereis perdoados.
>
> LUCAS 6,36-37

Quais as primeiras lições de misericórdia que você aprendeu para ajudar quem está ao seu lado?

....

....

....

....

....

....

....

....

Estas são as pessoas que me ajudam todos os dias
a ser um ser humano melhor.

espaço para fotos

Um momento de reflexão sobre o significado deste sacramento para a vida de nossa família.

....

....

....

....

....

....

....

....

....

....

....

....

Jesus ensina você a viver em paz

Ele quer dar forças para que você viva em paz e em harmonia. Talvez você não consiga acabar com as guerras no mundo, mas, com sua ajuda, suas ações podem evitar brigas e conflitos ao redor.

Que a paz esteja contigo

Senhor, fazei de mim um instrumento da Vossa paz.
Onde houver ódio, que eu leve o amor.
Onde houver ofensa, que eu leve o perdão.
Onde houver discórdia, que eu leve a união.
Onde houver dúvidas, que eu leve a fé.
Onde houver erro, que eu leve a verdade.
Onde houver desespero, que eu leve a esperança.
Onde houver tristeza, que eu leve a alegria.
Onde houver trevas, que eu leve a luz.

FRAGMENTO DA ORAÇÃO DE SÃO FRANCISCO DE ASSIS

Jesus o conhece profundamente

Jesus não vê somente sua aparência, mas dentro do seu coração.
Conte com ele, peça o que você precisar, fale sobre suas alegrias
e preocupações. Ele sabe tudo sobre você e gosta quando você compartilha
seus pensamentos e conversa com ele.

Quem permanece no amor

permanece em Deus e Deus nele.

I SÃO JOÃO 4,16

Mesmo que o dia seja muito corrido, procure um tempo
para estar com Jesus, ainda que somente por alguns minutos.
Converse com ele, procure um lugar reservado e silencioso.

Crescer e fazer o bem, assim como Jesus

À medida que você cresce, descobre que tem pessoas
que sofrem e que precisam de sua ajuda.
Seja uma pessoa melhor a cada dia, ajudando os necessitados,
e assim poderá testemunhar o amor
de forma concreta.

A todos os que sofrem e estão sós, dai sempre
um sorriso de alegria. Não lhes proporciones apenas
os vossos cuidados, mas também o vosso coração.

MADRE TERESA DE CALCUTÁ

Estas são as pessoas que sempre nos
ajudam quando precisamos...

espaço para foto

Os dons do Espírito Santo moram em nosso coração

Estes são os dons do Espírito Santo

O fogo do Espírito Santo é presença viva e atuante em nós desde o dia do Batismo. Ele (o fogo) é uma força criadora que purifica e renova, queima toda miséria humana, todo egoísmo, todo pecado, nos transforma a partir de dentro, nos regenera e nos torna capazes de amar.

PAPA FRANCISCO

SABEDORIA: é o dom de perceber o certo e o errado, o que ajuda ou que prejudica nossa vida. Esse dom nos ajuda a buscar o que nos enche de paz e alegria.

INTELIGÊNCIA: é o dom de entender os sinais da presença de Deus nas situações do dia a dia. Ele nos ajuda a ouvir a voz de Deus em nosso coração. Ainda que não entendamos tudo, enxergamos um bom caminho a seguir.

CONSELHO: é o dom que nos ajuda a escolher o melhor caminho. Às vezes, estamos diante de opções, e como saber qual decisão tomar? Esse dom nos orienta a fazer a escolha mais adequada.

FORTALEZA: é o dom que nos ajuda a ser coerente com o Evangelho, a lutar por justiça e a não temer o martírio. A pessoa dotada com esse dom não se amedronta facilmente diante das perseguições, mas confia incondicionalmente na ajuda de Deus.

CIÊNCIA: é o dom que nos ajuda a saber interpretar a Palavra de Deus. Diferentemente da ciência aprendida na escola, por meio desse dom, o Espírito Santo nos revela os desejos de Deus sobre nós.

PIEDADE: é o dom que nos ajuda a imitar os gestos concretos de Jesus. Esse dom nos ajuda a realizar na sociedade um projeto sólido de caridade e amor aos irmãos, servindo com alegria àqueles que mais necessitam de ajuda.

TEMOR: é o dom da prudência e da humildade, não do medo de Deus. Esse dom nos ajuda a nos tornemos pessoas mais dóceis, reconhecendo os próprios limites, numa relação de amizade sincera e profunda com Deus.

Estes são meus grandes amigos

espaço para foto

Estes são meus grandes amigos

espaço para foto

Ao lado de Jesus seremos sempre mais felizes

Ao lado de Jesus, seguiremos sempre no bom caminho.

No céu, os inocentes estão mais perto de nosso
Divino Salvador e lhe cantarão de modo especial
hinos de **glória** eternamente.

SÃO DOMINGOS SÁVIO

Jesus se alegra com você

Bem-aventurados aqueles que ouvem a palavra de Deus e a observam!

LUCAS 11,28

Estes são momentos de muita alegria...

Espaço para foto

Os santos

Estas pessoas viveram a alegria de estar sempre ao lado de Jesus e compartilhar seu amor com todos ao seu redor.

Nada te perturbe, nada te amedronte. Tudo passa, a paciência tudo alcança. A quem tem Deus nada falta. Só Deus basta!

SANTA TERESA D'ÁVILA

Onde há amor e sabedoria, não tem temor nem ignorância.

SÃO FRANCISCO DE ASSIS

Espero tudo do Bom Deus, como uma criancinha espera tudo de seu pai.

SANTA TERESINHA DO MENINO JESUS

O amor é a fundamental e originária vocação do ser humano.

JOÃO PAULO II

A medida do amor é amar sem medida.

SANTO AGOSTINHO

O Senhor não daria banho em um leproso nem por um milhão de dólares? Eu também não. Só por amor se pode dar banho a um leproso.

MADRE TERESA DE CALCUTÁ

Os anjos

São criaturas de Deus e mensageiros. Eles têm a função de servir, de nos guardar e proteger.

Oração do Anjo da Guarda
Santo Anjo do Senhor,
meu zeloso guardador,
se a ti me confiou a piedade divina,
sempre me rege,
guarda, governa e ilumina.
Amém.

Sou um anjinho...

espaço para foto

Sou um anjinho...

espaço para foto

Agora tenho a certeza de que Jesus está ainda mais perto de mim...

Como é doce chamar a Deus nosso Pai!
SANTA TERESINHA DO MENINO JESUS

Pai nosso, que estais nos céus,
santificado seja o vosso nome,
venha a nós o vosso reino,
seja feita a vossa vontade,
assim na terra, como no céu.
O pão nosso de cada dia nos dai hoje,
perdoai-nos as nossas ofensas,
assim como nós perdoamos
a quem nos tem ofendido,
e não nos deixeis cair em tentação,
mas livrai-nos do mal.
Amém.

Papai e mamãe estão sempre ao meu lado...

espaço para foto

Meus projetos e sonhos

Agora, sinto que sou ainda mais amado,
meus padrinhos, ao lado de meus pais, me acompanharão
pela vida, ajudando-me a realizar
cada um de meus sonhos.

Espaço para foto com os pais e padrinhos

Eu vos louvarei, Senhor, de todo o coração, todas as vossas maravilhas narrarei. Em vós eu estremeço de alegria, cantarei vosso nome, ó altíssimo!

O Senhor torna-se refúgio para o oprimido, uma defesa oportuna para os tempos de perigo. Aqueles que conheceram vosso nome confiarão em vós, porque, Senhor, jamais abandonais quem vos procura. Salmodiai ao Senhor, que habita em Sião; proclamai seus altos feitos entre os povos.

SALMO 9,2-3.10-12

Minha lembrancinha

Esta foi a lembrancinha entregue no dia de meu batismo.
Que ela nos faça recordar sempre esse dia tão especial.

Espaço para foto ou para a lembrancinha

Os presentes

Mais uma prova de carinho foram os presentes
e lembrancinhas que recebi neste dia...

Espaço para foto

Ao lado do mestre

Minha vida é um instante, um rápido segundo,
um dia só que passa e amanhã estará ausente;
só tenho, para amar-te, ó meu Deus, neste mundo,
o momento presente! Como te amo, Jesus!
Por ti minha alma anseia, sejas meu doce apoio
por um dia somente. Reina em meu coração:
teu sorriso incendeia agora, no presente!

SANTA TERESINHA DO MENINO JESUS

Fica conosco, já é tarde e já declina o dia.

LUCAS 24,29

Conceda-me sabedoria, sempre!

Ponha ordem na minha vida, ó meu Deus, e permita-me que eu conheça o que Vós quereis que eu faça, e que o cumpra como é necessário e útil para a minha alma. Que eu chegue a Vós, Senhor, por um caminho seguro e reto; caminho que não se desvie nem na prosperidade nem na adversidade, de tal forma que vos dê graças nas horas prósperas, e nas horas adversas eu conserve a paciência, não me deixando exaltar pelas primeiras nem me abater pelas segundas.

SÃO TOMÁS DE AQUINO

(TRECHO DA ORAÇÃO PARA PEDIR SABEDORIA)

Fotos que marcaram esta data

Fotos que marcaram esta data

Fotos que marcaram esta data

Fotos que marcaram esta data

© 2018 VR Editora S.A.

EDIÇÃO Fabrício Valério e Marcia Alves
EDITORA-ASSISTENTE Natália Chagas Máximo
TEXTO Marcia Alves
REVISÃO Isabel Ferrazoli
DIREÇÃO DE ARTE Ana Solt
CAPA E DESIGN Juliana Pellegrini
IMAGENS DE MIOLO Anna Yefimenko/Shutterstock.com
IMAGEM DE CAPA Pixel Embargo/Shutterstock.com

Dados Internacionais de Catalogação na Publicação (CIP)
(Câmara Brasileira do Livro, SP, Brasil)

Alves, Marcia
O álbum do meu batismo / Marcia Alves. – 1. ed. – São Paulo:
VR Editora, 2018.

ISBN 978-85-507-0167-7

1. Livros ilustrados 2. Livros-presente I. Título.

18-13116 CDD-802

Índices para catálogo sistemático:
1. Livros-presente 802

Todos os direitos desta edição reservados à
VR EDITORA S.A.
Via das Magnólis, 327 - Sala 1 | Jd. Colibri
CEP 06713-270 | Cotia | SP
Tel.| Fax: (+55 11) 4702-9148
vreditoras.com.br | editoras@vreditoras.com.br

SUA OPINIÃO É MUITO IMPORTANTE
Mande um e-mail para **opiniao@vreditoras.com.br**
com o título deste livro no campo "Assunto".

1ª edição, ago. 2018 | 1ª reimpressão, jul. 2023
FONTE Handsome Pro 23/27.6 pt
PAPEL Woodfree 160 g/m²
IMPRESSÃO Asia Pacific Offset
LOTE ASP120523
Impresso na China • Printed in China